Otto H. Lange

Ausländischer Liederschatz

Sammlung ausländischer Volkslieder

Otto H. Lange

Ausländischer Liederschatz
Sammlung ausländischer Volkslieder

ISBN/EAN: 9783743422544

Hergestellt in Europa, USA, Kanada, Australien, Japan

Cover: Foto ©Thomas Meinert / pixelio.de

Weitere Bücher finden Sie auf **www.hansebooks.com**

Inhalt.

Französische Volkslieder.

1. Vive Henri quatre ... Pag. 1
2. Charmante Gabrielle ... „ 2
3. Invocation à l'amour ... „ 3
4. Romance de Richard Coeur de Lion ... „ 4
5. Au clair de la lune ... „ 5
6. Marlbrouk s'en va-t-en guerre ... „ 6
7. Que le jour me dure ... „ 7
8. Le rosier ... „ 8
9. Le bouton de rose ... „ 9
10. Romance du pauvre Jacques ... „ 10
11. Marche des Marseillois ... „ 12
12. Les adieux du Général Bertrand ... „ 14
13. Romance d'Ariodant ... „ 16
14. Partant pour la Syrie ... „ 17
15. Le Troubadour ... „ 18
16. Souvenir militaire ... „ 20
17. Le Forban ... „ 22
18. Le Brigand Calabrais ... „ 24
19. Ma Normandie ... „ 26
20. Zu Bañalek ... „ 27
21. Hirtenlied ... „ 28
22. Plus ne suis ce que j'ai été ... „ 29

Niederländische Volkslieder.

23. Holländisches Nationallied ... „ 30
24. Wilhelmus von Nassau ... „ 31
25. La Flamande et le Français ... „ 32

Englische Volkslieder.

26. God save the King ... „ 33
27. Rule Britannia ... „ 34
28. Home, sweet Home ... „ 36
29. Long, long ago ... „ 37
30. My lodging is on the cold ground ... „ 38
31. The Lass of Richmond Hill ... „ 39
32. My heart's in the Highlands ... „ 40
33. Sunset ... „ 41
34. Auld Lang Syne ... „ 42
35. Pibroch of Donuil Dhu ... „ 43
36. The blue bells of Scotland ... „ 44
37. Old Robin Gray ... „ 44
38. Faithfu' Johnie ... „ 46
39. Duncan Gray ... „ 47
40. Kate Kearney ... „ 48
41. Gin a body, meet a body ... „ 49
42. The bush aboon Traquair ... „ 50
43. A Highland Lad my Love was born ... „ 51
44. Annie Laurie ... „ 52
45. Charlie is my darling ... „ 53
46. The Royal Captive ... „ 54
47. The harp that once, thro' Tara's halls ... „ 55
48. Remember of the glories of Brien ... „ 56
49. Robin Adair ... „ 57
50. Silent, O Moyle ... „ 58
51. Has sorrow thy young days shaded ... „ 60
52. The last rose of summer ... „ 61

Englische Volkslieder.

53. Come o'er the sea ... Pag. 62
54. Sankt Patrik's Tag ... „ 64
55. In der Nacht ... „ 66
56. Das Hirtenmädchen ... „ 67
57. Das Mädchen von Cardignan ... „ 68

Skandinavische Volkslieder.

58. Norwegischer Nationalgesang ... „ 69
59. Auf der Höhe der Berge ... „ 70
60. Lenzesweben ... „ 71
61. Das Lied vom Nökken ... „ 72
62. Klein Hilla ... „ 73
63. Goldwürfel ... „ 74
64. Auf dem Berge ... „ 75
65. Lied aus Darlekarlien ... „ 77
66. Sehnsucht ... „ 79
67. Finnlands Wald ... „ 80
68. Dänemarks grüne Auen ... „ 81
69. Konig Christian steht am hohen Mast ... „ 82
70. Der tapfre Landsoldat ... „ 83
71. Elvershöh ... „ 84
72. Herr Peter ... „ 85
73. Jägergesang aus Siebenschläfertag ... „ 86

Russische Volkslieder.

74. Russische National-Hymne ... „ 87
75. Der Kosack und das Mädchen ... „ 88
76. Das Dreigespann ... „ 89
77. Des Trauernden Abendlied ... „ 90
78. Einsam ... „ 91
79. Hoffnung ... „ 91
80. Mädchens Klage am Ufer des Flusses ... „ 92
81. Ländliche Ballade ... „ 92
82. Die Nachtigall ... „ 93
83. Der rothe Sarafan ... „ 94
84. Vespergesang ... „ 96
85. Heimkehr ... „ 97
86. Das Herz ... „ 98
87. Des jungen Mädchens Klage ... „ 99
88. Was that ich dir zu Leide ... „ 100

Italienische Volkslieder.

89. Sul margine d'un rio ... „ 101
90. La molinara ... „ 102
91. Vien qua, Dorina bella ... „ 103
92. Santa Lucia ... „ 105
93. Te voglio bene assai ... „ 106
94. Tic e tic e toc ... „ 107
95. Liebrosinchen ... „ 108

Spanisches Volkslied.

96. Spanische National-Hymne ... „ 109

Amerikanische Volkslieder.

97. Hail Columbia ... „ 110
98. Yankee Doodle ... „ 112
99. Old Folks at Home ... „ 113
100. O! Susanna ... „ 114

Vive Henri quatre.

Chant populaire.

2. J'ai-mons les filles
et j'ai-mons le bon vin;
de nos bons drilles
voilà, tout le refrain:
j'ai-mons les filles
et j'ai-mons le bon vin!

2. Vivat die Ehre,
die Mädchen und der Wein!
Prägt euch als Lehre
den schönen Wahlspruch ein:
Vivat die Ehre,
die Mädchen und der Wein!

Charmante Gabrielle.[+)]

Chanson attribuée à Henri IV.

(1600)

Andante amoroso.

1. {Char - man - te Ga - bri - el - le, per - cé de mil - le dards, cru - el - le dé - par - ti - e, mal - heureux jour! Que ne suis - je sans vi - e, ou sans a - mour!
   {quand la gloi - re m'ap - pel - le à la sui - te de Mars,}

1. {Rei - zen - de Ga - bri - e - le, durch - bohrt von A - mors Pfeil. O welch' ein bitt'- res Schei - den, o Ab - schieds - schmerz! Wa - rum nicht oh - ne Lieb', o - der hart das Herz?
   {folg' ich der Eh - re Be - feh - le, zum Sie - ges - feld ich eil'.}

2. Partagez ma couronne,
le prix de ma valeur;
je la tiens de Bellone,
tenez-la de mon cœur.
Cruelle départie,
malheureux jour!
C'est trop peu d'une vie
pour tant d'amour!

2. Theile mit mir die Krone,
die mir mein Muth gewann;
ich hab' sie von Bellone,
dir beut mein Herz sie an.
Grausames Scheiden und Meiden,
o herbes Loos!
Zu kurz ist doch das Leben,
wenn Lieb' so gross!

+) Gabrielle d'Estrées, Duchesse de Beaufort, Geliebte Heinrich's IV.

Edition Peters.   6950

Invocation à l'amour.
Paroles attribuées à Henri IV.
An die Morgenröthe.

2. Elle est blonde, sans seconde,
elle a la taille à la main.
Sa prunelle étincelle
comme l'astre du matin.

3. Pour entendre sa voix tendre
on déserte le hameau;
et Tityre, qui soupire,
fait taire son chalumeau.

2. Schlank, wie Reben aufwärts schweben,
schwebt ihr Schwanenwuchs hinan;
und wie ferne Morgensterne
glänzet mich ihr Auge an.

3. Ihren schönen zarten Tönen
horcht und schweigt die Nachtigall;
Hain und Bäume stehn wie Träume
um verstummten Wasserfall.

(Herder.)

Romance de Richard Cœur de Lion.
Blondel's Lied.

A. E. Gretry.
(1741-1813.)

Au clair de la lune.
Beim Mondenscheine.

Französisch.
Lully (geb. 1632 †1687.)

Andante con moto.

1. Au clair de la lu - ne, mon a - mi Pier - rot, prê - te - moi ta
2. Au clair de la lu - ne Pier - rot ré - pon - dit: je n'ai pas de
1. Nachts bei Monden - schei - ne rief's vor Pier - rots Thür: „Leib' der Fe - dern
2. Nachts bei Monden - schei - ne rief's im Wech - sel - ton: "Hab' der Fe - dern

plu - me, pour é - cri - re un mot. Ma chandelle est mor - te,
plu - me, je suis dans mon lit. Va chez la voi - si - ne,
ei - ne, auf ein Well-chen mir. Auch fehlt's mir an Feu - er
kei - ne, lieg' in Fe - dern schon. Ge - he zu der Kü - che

je n'ai plus de feu, ou-vre-moi la por - te pour l'amour de Dieu.
je crois qu'elle y est, car dans sa cui - si - ne on bat le bri - quet.
zum er-losch'nen Licht. Öff - ne, hoch und theu - er bitt' ich, zaud-re nicht!"
mei-ner Nachba - rin, lieb-li-che Ge - rü - che sa - gen, dass sie drinn."

3. Au clair de la lune
l'aimable Lubin
frappe chez la brune;
ell' répond soudain:
Qui frappe de la sorte?
Il dit à son tour:
Ouvrez votre porte
pour le Dieu d'amour!

4. Au clair de la lune
on n'y voit qu'un peu;
on chercha la plume,
on chercha du feu.
En cherchant d'la sorte,
je n'sais o'qu'on trouva: .
Mais j'sais, que la porte
sur eux se ferma.

3. Nachts bei Mondenscheine
klopft der schöne Mann,
und die holde Kleine
fraget hurtig an:
"Wer stört so den Schlummer?"
Er entgegnet drauf:
„Mache, rühr dich Kummer,
deine Thür mir auf!"

4. Nachts bei Mondenscheine
sieht man wenig nur._
Fand der Federn keine
sich, und Feuerspur?
Ach, ich kann nicht dienen
mit der Antwort dir,
denn bald hinter ihnen
schloss sich fest die Thür.
(Ed. Böhnike.)

+) Boieldieu hat dies Thema benutzt in der Oper „Les voitures versées."
Edition Peters.

Marlbrouk. (1709)

Die Melodie soll von den Kreuzfahrern unter Gottfried von Bouillon mitgebracht sein.

(Lieblings-Wiegenlied der Königin Marie Antoinette und des Dauphin.)

Larghetto.

1. Marl - brouk s'en va-t-en guer - re, mi-ron - ton, mi-ron-ton, mi-ron-tai - ne! Marl - brouk s'en va-t-en guer - re, ne sait qu'en re - vien - dra. Ne sait qu'en re - vien - dra, ne sait qu'en re - vien - dra.

1. Marl - brouk zieht hin zum Krie - ge, mi-ron - ton, mi-ron-ton, mi-ron-tai - ne! Marl - brouk zieht hin zum Krie - ge, er weiss nicht, wann er kehrt. Er weiss nicht, wann er kehrt, er weiss nicht, wann er kehrt.

segue V. 2.

2. Il reviendra à Paques, mironton etc. ou à la Trinité?

3. La Trinité se passe, Marlbrouk ne revient plus.

4. Madame à sa tour monte si haut qu'elle peut monter.

5. Elle voit venir son page en noir tout habillé.

6. "Madame! Marlbrouk est mort, est mort et enterré!"

2. Er kommt zurück um Ostern, mironton etc. um Trinitatis sonst.

3. Vorbei ist Trinitatis, Marlbrouk kommt nicht zurück.

4. Madame steigt auf die Zinne, so hoch sie steigen kann.

5. Sieht ihren Pagen kommen, gekleidet ganz in Schwarz.

6. „Herr Marlbrouk ist gestorben, gestorben und im Grab."

(Wolf.)

Que le jour me dure.
Die Trennung.
Übersetzung von Gotter, 1781.

Französisch.
Mel. von Jean Jacques Rousseau, 1781.
(Berühmtes Trichordium für die Mandoline.)

2. Hélas! si je passe un jour sans te voir,
je cherche ta trace dans mon désespoir;
si je l'ai perdue je reste à pleurer,
mon âme éperdue est près d'expirer.

3. Le cœur me palpite quand j'entends ta voix,
tout mon sang s'agite dès que je te vois.
Ouvres-tu la bouche, les cieux vont s'ouvrir,
si ta main me touche, je me sens frémir.

2. Kommt der Abend endlich ohne dich heran,
lauf' ich bang und suche dich bergab, bergan.
Hab' ich dich verloren, bleib' ich weinend stehn,
glaub', in Schmerz verloren, langsam zu vergehn.

3. Wie ich ahnend zitt're, wenn dein Schritt erschallt!
Wenn ich dich erblicke, wie das Blut mir wallt!
Öffnest du die Lippen, klopft mein ganzes Herz,
deiner Hand Berühren reisst mich himmelwärts.

Edition Peters.

Romance de M. de Leyre.
Le Rosier.
Der Rosenstock.

Musique par M. J. J. Rousseau. (1712-1778)

2. Petits oiseaux, troupe amoureuse,
ah! par pitié, ne chantez pas:
L'amant qui me rendait heureuse
est parti pour d'autres climats.

3. Pour les trésors du nouveau monde,
il fuit l'amour, brave la mort;
Hélas! pourquoi chercher sur l'onde
le bonheur qu'il trouvait au port?

4. Vous, passagères hirondelles,
qui revenez chaque printems,
oiseaux voyageurs, mais fidèles,
ramenez-le-moi tous les ans!

2. Ihr lustige, verliebte Bande,
habt Mitleid, ach, und schweiget still!
Es zog in weit entfernte Lande
der, den mein Herz nur lieben will.

3. Vom Gold der neuen Welt gezogen,
flieht er die Liebe, trotzt dem Tod.
Ach, warum strebt er auf den Wogen
dem Glück nach, da es hier sich bot?

4. Ihr Schwalben, die ihr oft entschwindet,
doch stets zu treuer Wiederkehr,
ihr Reisevögel, sucht und findet
ihn auf und bringt ihn wieder her!

Le bouton de rose.

Paroles de Melle Theis.
Musique par L. Bonjour.
(Original 1792.)

Andantino.

1. Bou-ton de ro-se, bou-ton de ro-se, tu se-ras plus heu-reux que
1. Du zar-tes Röschen, du zar-tes Röschen, du wirst glück-li-cher sein als

moi; car je te des-tine à ma ro-se, et ma rose est ain-si que
ich, denn ich ver-ehr' dich mei-nem Röschen, und mein Rös-chen,sie lie-bet

toi, bou-ton de ro-se, bou-ton de ro-se!
dich. O zar-tes Röschen! Du glück-lich' Röschen!

2. |: Au sein de rose, :|
heureux bouton, tu vas mourir;
ah! si j'étais bouton de rose,
je ne mourrais que de plaisir
|: au sein de rose. :|

2. |: An Röschens Busen :|
findest du Platz und kannst dort vergehn.
Ach, wär' ich doch auch eine Rose!
Lächelnd sollt' man mich sterben sehn
|: an Röschens Busen.:|

Romance du Pauvre Jacques.
Paroles de la Marquise de Travenet.

Armer Jacob.

Musik von
Marie Antoinette?
Accomp. von 1790.

Anlage: 1793. Romance: Louis XVI. aux Français: O mon peuple! que vous ai-je donc fait?
Edition Peters.

11

Reprise du 2d couplet.

1. Quand tu ve-
2. Quand le so-
1. Als du einst
2. Wenn früh die

Fine.

nais par-ta-ger mes tra-vaux, je trou-vais ma
leil bril-le sur nos gué-rêts, je ne puis souf-
kamst und mir Hül-fe bo-test an, war des Le- -bens
Sonn' ü-ber un-sern Flu-ren lacht, kann des Lich- -tes

ta-che lé-gè-re; t'en souviens-tu, tous les jours étaient
frir sa lu-miè-re, et quand je fuis à l'om-bre des fo-
Bür-de leicht zu tra-gen; weisst du es noch, wie die schö-ne Zeit ver-
Glanz ich nicht er-tra-gen; nimm mich am A-bend dann auf des Wal-des

dolce

D.S. al Fine.

beaux; qui nous ren-dra ce tems pros-pè- -re!
rets, j'ac-cu-se la na-ture en-tiè- -re.
rann? Ach, was mir blieb,sind bitt-re Kla- -gen!
Nacht, füll' ich die Luft mit Lie-bes-kla- -gen.

D.S. al Fine.

Edition Peters.   6950

2. Que veut cette horde d'esclaves,
de traîtres, de rois conjurés?
Pour qui, ces ignobles entraves,
|: ces fers dès longtems préparés? :|
Français, pour nous! Ah! quel outrage!
quels transports il doit exciter!
C'est vous qu'on ose méditer
de rendre à l'antique esclavage!
Aux armes etc.

3. Amour sacré de la patrie,
conduis, soutiens nos bras vengeurs!
Liberté, liberté, chérie,
|: combats avec tes défenseurs: :|
Sous nos drapeaux que la victoire
accoure à tes mâles accents,
que tes ennemis expirants
voyent ton triomphe et ta gloire!
Aux armes etc.

Les adieux du Général Bertrand.

Graf Henri Gratien de Bertrand (geb. 1778) begleitete Napoleon I. seit 1805 auf allen Feldzügen; folgte ihm auch nach Elba und später nach St. Helena; starb 1844.
Edition Peters.

2. Vois-tu ces fleurs, ces fleurs qu'un doux zéphire
va caressant de son soufle amoureux,
en se fanant elles semblent te dire:
↳ L'hiver accourt, hâtez-vous d'être heureux! ↲

2. Sieh, diese Blumen vom Zephir gewieget,
der sie umarmt im verschwiegenen Hain,
sie welken hin, wenn die Zeit sie besieget.
↳ Winter kommt bald! Eile glücklich zu sein! ↲

Partant pour la Syrie.
ROMANCE.

Mouvement de marche.

Paroles et Musique de la reine Hortense[†]

1. Par-tant pour la Sy-rie___ le jeu-ne et brave Du-nois ve-nait pri-er Ma-rie___ de bé-nir ses ex-ploits: Faites, Reine immor-tel-le, lui dit-il en par-tant, que j'ai-me la plus bel-le et sois le plus___ vaillant!

1. Nach Sy-riens Kampfge-fil - de zog Du-nois jung und schön. Ihn trieb's, zuvor die Mil-de der Jungfrau an-zu-fleh'n: „O Himmelskön'gin, len-ke, dass ich, im Schlachtenfeld, der Schönsten stets ge-den-ke, und sei der be-ste Held!"

2. Il trace sur la pierre
le serment de l'honneur,
et va suivre à la guerre
le conte, son Seigneur.
Au noble voeu fidèle
il dit en combattant:
"Amour à la plus belle,
honneur au plus vaillant."

3. On lui doit la victoire.
Vraiment, dit le Seigneur,
puisque tu fais ma gloire,
je ferai ton bonheur.
De ma fille Isabelle
sois l'époux à l'instant,
car elle est la plus belle
et toi le plus vaillant.

2. Er gräbt mit seinem Schwerte
den Schwur auf Marmorstein
und folgt als Kampfgefährte
dem edlen Grafen sein.
Treu dem, was er geschworen,
ruft er im Kampfe heiss:
„Die Schönste ist erkoren
dem Tapfersten als Preis!"

3. Der Sieg ist ihm zu danken.
„Fürwahr!" ruft aus sein Herr,
„du bracht'st den Feind zum Wanken,
dir biet' ich Glück und Ehr'.
Die Tochter nimm zum Lohne
für deine Heldenkraft.
Sie trägt der Schönheit Krone;
dich krönt die Ritterschaft."

†) Hortense Eugenie de Beauharnais (geb. 1788), Gemahlin Louis Napoleons, des Königs von Holland, und Mutter Napoleons III. Zur Zeit des zweiten Kaiserreichs suchte man diese Romanze zur National-Hymne zu machen.

Edition Peters.

Le Troubadour.
Der Minnesänger.

2. Dans les combats déployant son courage,
des ennemis terminant le destin,
le Troubadour au milieu du carnage
faisait encore entendre son refrain:
   Mon bras etc.

3. Le brave hélas! pour périr de sa vaillance,
en trouvant rien que des perils en chemin,
il trouve combattant la mort d'une lance,
il tombe et mort en répétant son refrain:
   Mon bras etc.

2. Im Kampfgewühl, trotz grimmer Feinde Dräuen,
da sprengt er vor im kühnen Thatendrang;
vom Ross hernieder, durch der Krieger Reihen
lässt er erschallen weithin den Gesang:
   Mein Arm etc.

3. Der Tapfre fiel! Dort auf dem Blutgefilde,
wo er getrotzt so mannhaft der Gefahr,
traf ihn ein Speer. Noch sterbend auf dem Schilde
bringt er als Todessang den Wahlspruch dar:
   Mein Arm etc.

Souvenir militaire.

Ma Normandie.

ROMANCE.

Paroles et Musique par
Fréd. Bérat, geb. 1800 + 1855.

19.

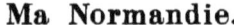

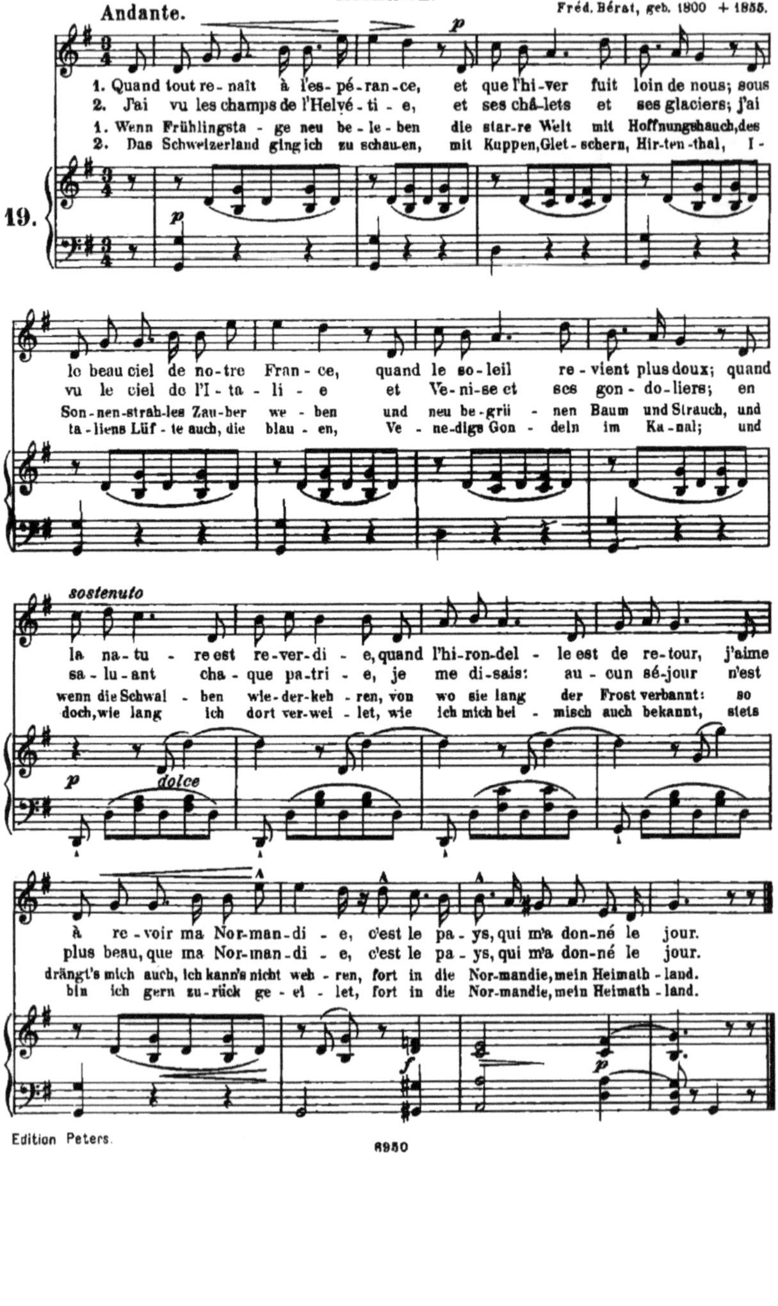

Edition Peters.

Zu Bañalek.

4. Herr Müller spottet nicht unfein:
   Gebt mir zurück schön Fantik mein!
   Und die Mühl' etc.

5. Gäbt ihr fünfhundert Thaler mir,
   schön Fantik nicht bekämet ihr.
   Und die Mühl' etc.

Hirtenlied.

3. Wie die gelbe Ginsterblüthe, wie die Heckenrose klein,
wie die Ros' im Busch der Haide glänzt' hervor die Traute mein.
Ja, so lang die Messe währ'te, war mein Blick ihr zugewandt,
und je mehr ich nach ihr blickte, desto mehr ich schön sie fand.

Plus ne suis ce que j'ai été.
Nicht mehr bin ich, was ich war.

Französisch.
Von Händel variirt siehe:
the harmonious Blacksmith.

Edition Peters.

Holländisches Nationallied.

Wilhelmus von Nassau.

Alt-Niederländisches Nationallied 1568.

La Flamande et le Français.[+)]
Das flandrische Mädchen.

+) Von Lortzing in Czaar und Zimmermann benutzt.

God save the King.

Dieses Lied wurde 1715 von H. Carey componirt zu Gunsten des Kronprätendenten Jacob Stuart. 1745 wurde es im Drurylane-Theater zu Ehren des great King Georg gesungen.
Die Franzosen behaupten, die Melodie sei von Lully (†1687) und von Händel für den Text: God save the King arrangirt.
Die Übertragung in's Deutsche: „Heil dir im Siegerkranz" ist von H. Harries (1762–1802.) 1795 zuerst im Berliner National-Theater gesungen.
Edition Peters.

Rule Britannia.

2. The nations not so blest as thee,
   ‖:Must in their turns to tyrants fall;:‖
   While thou shalt flourish great and free,
   The dread and envy of them all.
        Rule Britannia etc.

3. Thee haughty tyrants ne'er shall tame,
   All their attempts to bend thee down,
   Will but arouse thy generous flame;
   But work their woe, and thy renown.
        Rule Britannia etc.
                        (James Thomson.)

2. Ein minder günstiges Geschick
   mag Knechtschaft andern Völkern dräu'n.
   Du gross durch Freiheit, du gross in deinem Glück,
   wirst Aller Neid und Schrecken sein.
        Herrsch Britannia! etc.

3. Dich schlägt in Fesseln kein Tyrann;
   und wenn's ein Übermüthiger wagt,
   dann spornt er deinen Muth nur an,
   bis Ruhm aus seinem Fall dir tagt.
        Herrsch Britannia! etc.

Home, sweet Home.
Süsse Heimath.

Englisch.
Music: H. R. Bishop.

2. An exile from home splendour dazzles in vain!
Oh! give me my lowly thatch'd cottage again!
The birds singing gaily, that came at my call,
Give me them with the peace of mind dearer than all.
Home etc. (Howard Payne.)

2. Der Heimath entfernet, vermiss' ich das Glück,
O geht mir mein Dörfchen, mein Hüttchen zurück,
wo hell die Vöglein singen im grünen Waldrevier;
ach, all den Seelenfrieden beut nur die Heimath mir!
Heimath, o süsser Laut, etc.

My lodging is on the cold ground.
Rothes Röslein.

2. I'll twine thee a garland of straw, love,
I'll marry thee with a rush ring;
May frozen hopes will thaw, love,
And merrily we will sing.
Then turn to me, my own love,
I pray thee, love, turn to me;
For thou art the only one, love,
That art ador'd by me.

2. Bis alle Felsen an dem Strand
wie Eis zerflossen sind,
in meiner Lebensuhr der Sand,
mein Leben nicht mehr rinnt.
Und nun Ade! du liebes Aug',
Ade für kurze Zeit!
Ich komme wieder, wär' ich auch
zehntausend Meilen weit.

The Lass of Richmond Hill.

(Words by Upton.)
Englisch.
(Old Tune.)

31.

1. On Richmond Hill there lives a lass, more bright than may-day morn, whose charms all other maids surpass, a rose without a thorn. This lass so neat, with smiles so sweet, has won my right good will, I'd crowns re-sign to call thee mine, sweet lass of Richmond Hill, sweet lass of Richmond Hill, sweet lass of Richmond Hill, I'd crowns re-sign to call thee mine, sweet lass of Richmond Hill!

1. Auf Richmond-hill, da lebt die Maid, die ich mir hab erkorn, sie ist die Schönste weit und breit, die Rose ohne Dorn. Sie ist so lieb, so wonniglich, so ganz wie ich es will. Ein Königreich gäb' ich für dich, süss' Maid von Richmond-hill, süss' Maid von Richmond-hill, süss' Maid von Richmond-hill, Ein Königreich gäb' ich für dich, süss' Maid von Richmond-hill!

2. Ye zephyrs gay that fan the air,
And wanton thro' the grove,
O whisper to my charming fair:
"I die for her I love."
This lass so neat, etc.

2. Ihr Lüftchen, wehend durch den Hain,
ihr Wölkchen in der Höh',
o flüstert meiner Holden zu,
dass ich um sie vergeh'.
Sie ist so lieb, etc.

Edition Peters.

Sunset.
Der Abend.

Andante con molt' espressione. Schottisch.

33.

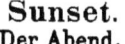

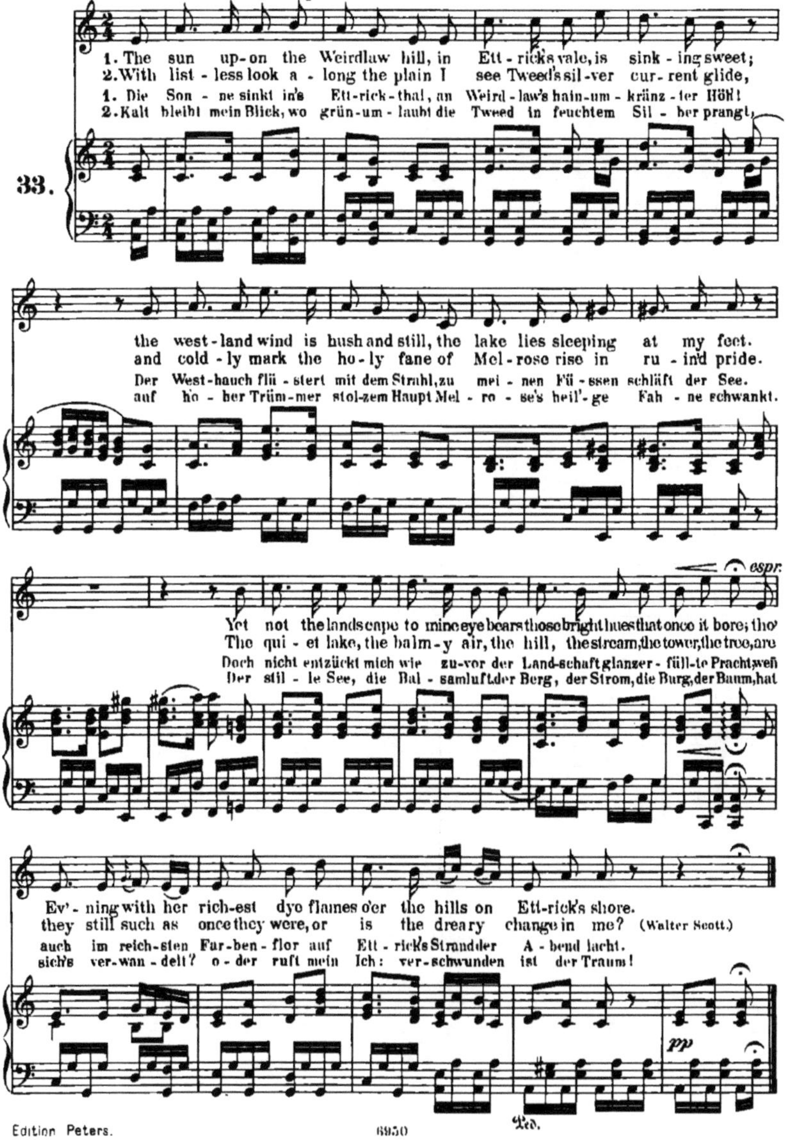

Auld Lang Syne.
So lang her.

Pibroch of Donuil Dhu.
(KRIEGSGESANG.)

2. Come from deep glen, and
From mountain so rocky,
The war-pipe and pennon
Are at Inverlochy;
Come ev'ry hill-plaid, and
True heart that wears one,
Come ev'ry steel blade, and
Strong hand that bears one!
(Walter Scott.)

2. Seht, wie sie kommen, seht,
wie sie sich schaaren;
Haidkraut im Winde weht,
Feder des Aaren!
Weg den Plaid, zieht das Schwert!
Vorwärts, ihr Leute!
Donuil Dhu's Kriegsgesang
töne zum Streite!
(Freiligrath.)

The Blue Bells of Scotland.
Die blauen Glöckchen Schottlands.

Schottisch. (Jordan.)

Old Robin Gray.

Schottisch. Lady Anna Lindsay. 1771.

Faithfu' Johnie.
Der treue Johnie.

3. Then will you meet me here, my faithfu' Johnie?
   Then will you meet me here?
   Though the night were hallow we'en,
   When the fearfu' sights are seen,
   I would meet thee here, my sweet and bonny,
   I would meet thee here.

3. Dann willst du sein bei mir, mein treuer Johnie,
   dann willst du sein bei mir?
   Wär' es auch in heil'ger Nacht,
   wo manch' grauser Spuk erwacht,
   komm' ich doch zu dir, mein süsses Liebchen,
   komm' ich doch zu dir.

Duncan Gray.

2. Duncan fleech'd, an' Duncan pray'd,
   Ha, ha, the wooin' o't;
   Meg was deaf as Ailsa Craig,
   Ha, ha, the wooin' o't.
   Duncan sigh'd baith out an' in,
   Grat his een baith blear'd an' blin',
   Spak' o' louping o'er a linn,
   Ha, ha, the wooin' o't.

3. Duncan was a lad o' grace,
   Ha, ha, the wooin' o't;
   Maggie's was a piteous case,
   Ha, ha, the wooin' o't.
   Duncan couldna be her death,
   Swelling pity smoor'd his wrath,
   Now they're crouse and canty baith,
   Ha, ha, the wooin' o't. (Burns.)

2. Duncan fragte, Duncan bat,
   Hei, hei! die Freierei!
   Grete ihn nicht hören that.
   Hei, hei! die Freierei!
   Duncan klaget seine Noth,
   weint sich blind und weint sich todt,
   in den Teich zu springen droht,
   Hei, hei! die Freierei!

3. Wunder war's, und doch geschah's,
   Hei, hei! die Freierei!
   Sie ward krank und er genass,
   Hei, hei! die Freierei!
   Duncan es erbarmte, dass
   alte Lieb' erwarmte, dass
   sich das Paar umarmte; das
   Hei! das war Freierei!
   (Silbergleit.)

Kate Kearney.

The bush aboon Traquair.
Der Wald von Traquair.

2. Yet now she scornful flies the plain,
The fields we then frequented;
If e'er we meet, she shows disdain,
She looks as ne'er acquainted.
The bonnie bush bloom d'fair in May,
Its sweets I'll aye remember.
But now her frowns make it decay,
It fades as in December.
(Crawford.)

2. Wie blühte einst der Wald so schön!
Noch athm' ich seine Düfte!
Jetzt trifft ihr Zorn mich, wie das Wehn
Der kalten Winterlüfte.
Der schöne Wald ist öd' und leer,
Verstummt sind unsre Lieder;
Zum schönen Walde von Traquair
Kehr' ich nun nimmer wieder.
(H. Kestner.)

Von Boieldieu in der Ouverture zur Dame blanche verwandt.
Edition Peters.

A Highland Lad my Love was born.
Der junge Hochländer.

Schottisch.
(Siehe Ouverture zur Dame blanche.)

2. Mit Hochlandsmütze, buntem Kleid,
   mit breitem Schwert zog er zum Streit;
   und Aller Herzen er gewann,
   mein John, der tapfre Hochlandsmann!
   Drum singt: Es etc.

3. O weh! was half ihm Kraft und Muth?
   Sie fingen doch den Burschen gut!
   Ha! Fluch der Richter Frevelthat,
   die schuldlos ihn gemordet hat.
   Drum singt: Es etc.
   (H. Kestner.)

Edition Peters.

Annie Laurie.

2. Her brow is like the snaw-drift,
   Her neck is like the swan,
   Her face it is the fairest
     That e'er the sun shone on —
     That e'er the sun shone on,
   And dark blue is her e'e;
   And for bonnie Annie Laurie
   I'd lay me doon and dee.
                    (Anonymus.)

2. Schlank ist sie wie die Tanne,
   Ihr Hälschen gleicht dem Schwan,
   ihr Antlitz ist das schönste,
     das je nur Menschen sahn,
     das je nur Menschen sahn,
   im Wald beim Morgenroth,
   und für meine Annie Laurie
   geh' gern ich in den Tod.

Charlie is my darling.

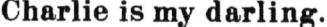

Jung Carl. (Carl Eduard Stuart 1720-88. Neffe Jacob II.)

45.

Allegro.
1. Oh! Char-lie is my dar-ling, my dar-ling, my dar-ling, Oh! Char-lie is my dar-ling, the young Che-va-lier. 'Twas on a Monday mor-ning, right ear-ly in the year, when Char-lie came to our town, the young Che-va-lier. Oh! Charlie is my dar-ling, my dar-ling, my dar-ling, Oh! Charlie is my dar-ling, the young Chevalier.
1. Jung Carl, der ist mein Lieb-ling, mein Lieb-ling, mein Lieb-ling, jung Carl, der ist mein Lieb-ling, der Theu-er-ste mir! Es war am Montag Mor-gen, der Vo-gel-sang be-gann, als Carl zu uns in's Hochland kam, der ed-le Rit-tersmann. O Carl, der ist mein Liebling, mein Liebling, mein Liebling, o Carl, der ist mein Liebling, der Theu-er-ste mir.
p

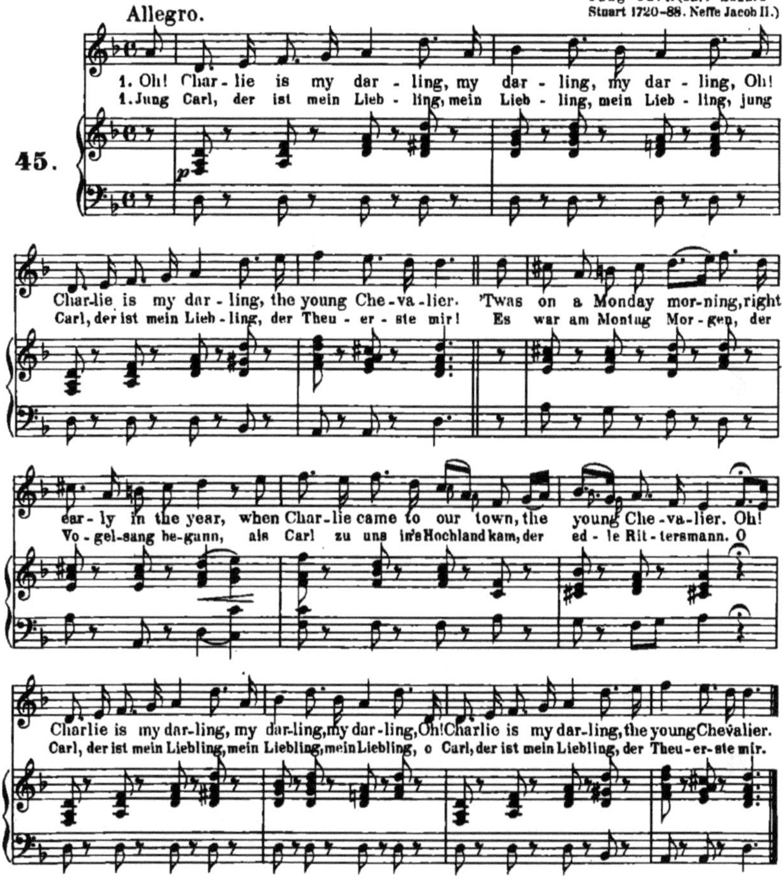

2. As he came marchin up the street,
The pipes play'd loud and clear;
And a' the folk cam' rinnin' out
To meet the Chevalier.
Oh! Charlie etc.

3. Wi' Hieland bonnets on their heads,
And clay mores bright and clear,
They cam' to fight for Scotland's right
And the young Chevalier.
Oh! Charlie etc. (Anonymus.)

2. Als er herauf die Strasse zog,
die Pfeifer stimmten an,
und jubelnd strömt' das Volk herbei,
zu schau'n den Rittersmann.
O Carl, etc.

3. Jung Carl, er kam nach Dunedei,
er kam nach Holirud.
Da kamen hohe schöne Frau'n
von edlem Stamm und Blut.
O Carl, etc.

4. Da ward gezechet in der Hall',
geschmaust beim frohen Mahl,
und jeder hatte Carl im Aug',
den jungen Sonnenstrahl.
O Carl, etc.

The Royal Captive.

(Composed by Scotland's unfortunate Queen in Loch Leven Castle.)

Gesang der Marie Stuart (vor ihrem Tode 1587).

Mein Gott! ich trau-e auf dich! mein Hei--land, ret--te du mich! In Ket--ten und in Ban-den, von Rä--chern rings um--stan-den, o Herr, so ruf' ich zu dir:— Mein Gott, gieb Gna--de auch mir!

Edition Peters.

Remember the glories of Brien.
Kriegslied.

2. But now thou'rt cold to me, Robin Adair,
But now thou'rt cold to me, Robin Adair,
Yet he I lov'd so well
Still in my heart shall dwell;
Oh, I can ne'er forget Robin Adair. (Burns)

2. Dort an dem Klippenhang, Robin Adair!
rief ich oft still und bang: Robin Adair!
Fort von dem wilden Meer,
falsch ist es, liebeleer,
macht mir das Herze schwer. Robin Adair!

Has sorrow thy young days shaded.
Gram der Jugend.

The last Rose of summer.
Letzte Rose.

Andante.   Irisch.

1. 'Tis the last rose of summer left
  all her love-ly com-pa-nions are
1. Letz-tes Rös-lein des Som-mers noch
  wäh-rend all' ih-re Ge-fähr-ten sind

bloom-ing a-lone,
fad-ed and gone;
ein-sam hier,
längst schon ver-blüht.
no flow'r of her
Kei-ne duf-ten-de

kind-red, no rose-bud is nigh, to re-
Blu-me, kei-ne Knos-pe ist hier, die in

fleet back her blushes or give sigh for sigh.
hell leuch-ten dem Schimmer könnt' duf-ten mit ihr.

2. I'll not leave thee, thou lone one,
  to pine on the stem;
  since the lovely are sleeping,
  go, sleep thou with them.
  Thus kindly I scatter
  thy leaves o'er the bed,
  where thy mates of the garden
  lie scentless and dead. (Moore.)

2. Ich will so allein nicht
  dich lassen ohn' Ruh'.
  Deine Schwestern entschliefen,
  geh' schlafen auch du!
  Die Stätte bestreu' ich
  mit herbstlichem Laub,
  wo vereint mit den Schwestern
  du ruhest im Staub.

Edition Peters.   6950

Sanct Patrik's Tag.

cresc.

round with flow'rs, there comes a new link, our spi - rit to sink! Oh! the
battle ar - ray; the stan-dard of green, in front would be seen, oh! my
Arg - wohns Wurm, bringt bär - te - ren Schlag der kom - men - de Tag. Wenn die
blut' - gem Tanz, wo hoch in der Schlacht die Kriegs-fah - ne ragt. Ja, eu'r

joy that we taste, like the light of the poles, is a
life on your faith were you sum - mon'd this mi - nute, you'd
Freu - de uns naht, ist's wie Nord - - lich - ter Schein, wie ein
Wort ist ein Eid. Rie - fe Pflicht euch zum Kam - pfe, vor -

flash a - mid dark - ness, too bril - liant to stay; but tho' 'twere the last litt - le
cast ev' - ry bit - ter re - membrance a - way, and show what the arm of old
Blitz in der Nacht, ei - nes Au - genblicksGlanz. Doch was uns auch droht, uns' - re
an strahlt eu'r Schlachtschwert im bli - tzen - den Glanz. Der Feind soll - te sehn, was Alt -

spark in our souls, we must light it up now on our Prin - ce's day.
E - rin has in it, when rous'd by the foe on our Prin - ce's day.
Freu - de sei rein, un - sern Schutz - herrn ver - eh - ret im Fe - stes-kranz.
E - rin be - deu - te; Sanct Pa - trik ist mit euch im Sie - ges-kranz.

Edition Peters. 6950

Das Hirtenmädchen.

Norwegischer Nationalsang.

3. Herrlich erhebet sich, nimmer zu wanken,
Tempel der Freiheit im nordischen Land,
frei sind die Worte und frei die Gedanken,
frei wirkt zu Vaterlands Wohle die Hand.
Wallten und flogen
Vögel und Wogen
freier doch nimmer als Norwegens Mann!
Treu dem Gesetz, das er selbst sich erzogen,
hängt er dem König, dem Vaterland an.

Auf der Höhe der Berge.
Norwegischer Nationalgesang.

2. Wohnt' ich in dem grünen Thal,
wo der Fluss leicht hinfliesst, durch die waldreichen Auen;
wo Laubhütte ist der Saal
und die Gaben des Himmels mir thauen:
lache ich der eitlen Lust,
laufe nicht mit der Menge nach Moden und Ehren,
suche nicht des Goldes Wust,
nicht der Erde Güter zu vermehren.
Hier in meinem stillen Thal
sah ich manches Mächt'gen Fall:
ungestört vom Sturm der Welt
baue ich mein friedlich Feld.

Lenzesweben.

(Franz Kugler.)

Das Lied vom Nökken.

Klein Hilla.
Blutrache.

3. Hillebrand! Hillebrand! dein Schlafen lass sein! (Keiner etc.)
   Ich höre den Vater, die Brüder mein. (Der lebt etc.)
4. Sechs Brüder erschlug er, den Vater mein, (Keiner etc.)
   tödte nicht mir den jüngsten Bruder mein! (Der lebt etc.)
5. Und bevor und eh' ich dieses Wort noch sprach, (Keiner etc.)
   Hillebrand erschlagen zur Erden lag. (Der lebt etc.)

Goldwürfel.

4. „So setze deine Ehre nun, dazu das Leben dein;
ich setze meine Kron' dafür, dazu die Treue mein". Und sie etc.

5. Der Würfel da zum zweiten Mal hin auf der Tafel rann;
schön Jungfrau, sie verlor, und klein Bootsmann, er gewann. Und sie etc.

6. „Ich bin ja nicht ein Bootsmann klein, du irrest dich in mir!
Ich bin der beste König, bin Engelandes Zier!" Und sie etc.

Auf dem Berge.

Tanzlied aus Dalekarlien.

Allegro vivace. Schwedisch.

65.

Edition Peters.
NB. Lieblingslied von Jenny Lind.

Dänemarks grüne Auen.

König Christian steht am hohen Mast.

Nationallied. Dänisch.
D. L. Rogert.

Edition Peters.

Der tapfre Landsoldat.

Dänisch.
E. Hornemann.

Aus dem Dänischen des Faber.

Elvershöh'.
ZAUBERLIED.

Herder.

Russische National-Hymne.

Der Kosack und das Mädchen.
(Minka.)

Der Postwagen. (Dreispann.)

Poco Andante. Russisch.

76.

1. Hörst du das Glöck - lein tö - nen, kla - gen aus Walday's Werk - stätt' silbern hell? Horch, es ver - kün - det ei - nen Wa - gen mit drei - en Ros - - sen feu - rig, schnell; horch, es ver - kün - det ei - nen Wa - gen mit drei - en Ros - - sen feu - rig, schnell.
2. Vom hel - len Mor - gen-roth um - flos - sen, der Po-stil - lon den Wa-gen lenkt. Ein Lied, der See - le tief er - gos - sen, dem Himmels - raum er kla - gend schenkt, ein Lied, der See - le tief er - gos - sen, dem Himmels - raum er kla - gend schenkt.
3. „Soll es dem Nei - de denn ge - lin - gen, zu trennen, Mäd - chen, dich von mir? Ich woll-te Lie - besglück dir brin - gen, nun bring' ich Lie - - bes-thrä - nen dir, ich woll - te Lie - besglück dir brin - gen, nun bring' ich Lie - - bes-thrä - nen dir."

Uebersetzt von C. Gollmick.

Edition Peters.   6950

Des Trauernden Abendlied.

Einsam.

Hoffnung.

Diese Melodie ist von Lortzing in Czaar und Zimmermann verwandt, s. Brautlied.

Mädchens Klage am Ufer des Flusses.

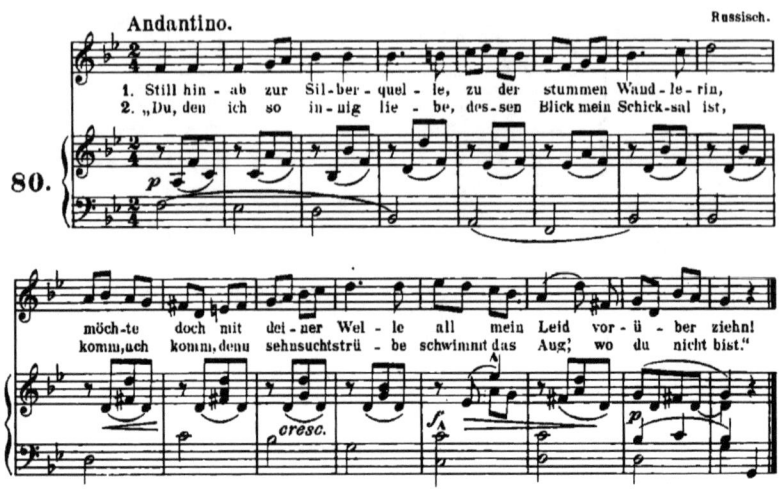

80.

Ländliche Ballade.

81.

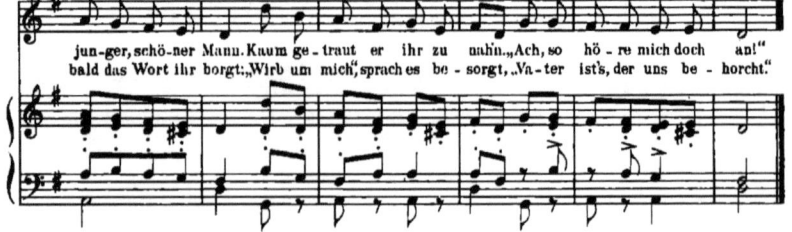

3. Und er geht, Vertrau'n im Herzen,
wirbt sogleich um seines Mädchens Hand.
Und der Greis, der ihn erkannt,
also sprechend, knüpft das Band:

4. „Zum Altar führt reine Liebe,
doch dem Vater euch zuvor vertraut.
Nur wer Lieb' auf Achtung baut,
in der Liebe Himmel schaut."

Edition Peters.   C. Gollmick.

Der rothe Sarafan.

Vespergesang.

Wahrscheinlich englischen Ursprungs; die Melodie nach John Stevenson.
Edition Peters.

Freiligrath nach Moore.

Heimkehr.

3. Geh' in den Garten, find' nicht die Eiche,
find' nicht die grüne Linde.

4. Ach, aus der Eiche, der grünen Eiche,
ward meines Vaters Grabkreuz.

5. Und aus der Linde der Sarg der Mutter,
aus ihren weissen Brettern.

Das Herz.

Des jungen Mädchens Klage.

Sul margine d'un rio.
Die schlafende Nymphe.

2. Mentre d'affetti a lei
un pegno sto per dar,
m'accoste i labri miei
n' suoi non so appressar;
ma render mi audace
l'amore saprà.
Io perderò la pace,
quando si sveglierà.

2. Zärtlich sie zu umfangen
im heissen Herzensdrange,
wag' ich's, mich ihr zu nähern;
doch schlägt mir's Herz so bang.
Ihr Götter der Liebe,
mir Muth und Kühnheit gebt!
Ich fühls, dahin ist mein Frieden,
wenn wachend sie entschwebt.

+) Lieblingsthema der Catalani, der „Prima cantante del Mondo", auf ihren Concertreisen 1818 in Deutschland; geb. 1779, † 1849.

Vien quà, Dorina bella.

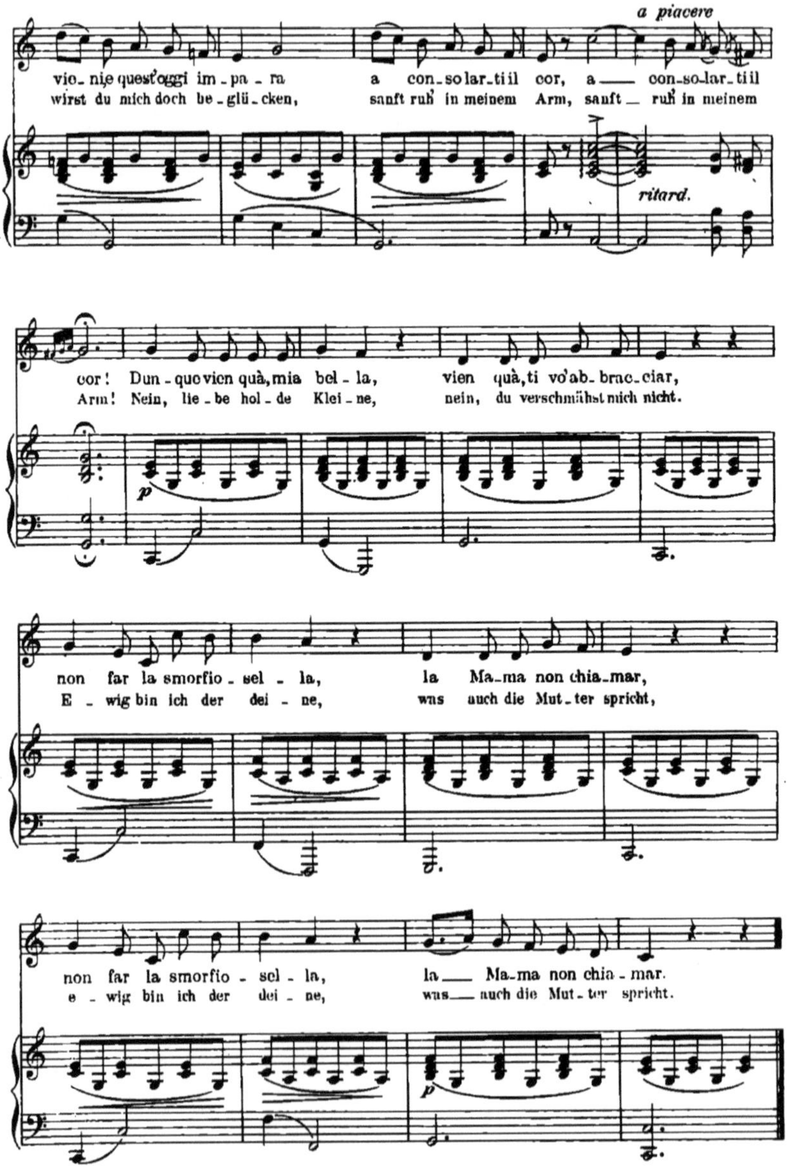
a piacere
vie_ni e quest'oggi im_pa_ra a con_so lar_ti il cor, a ___ con_so_lar_ti il
wirst du mich doch be_glü_cken, sanft ruh' in meinem Arm, sanft _ ruh' in meinem
ritard.
cor! Dun_que vien quà, mia bel_la, vien quà, ti vo'ab_brac_ciar,
Arm! Nein, lie_be hol_de Klei_ne, nein, du verschmähst mich nicht.
p
non far la smorfio_sel_la, la Ma_ma non chia_mar,
E_wig bin ich der dei_ne, was auch die Mut_ter spricht,
non far la smorfio_sel_la, la ___ Ma_ma non chia_mar.
e_wig bin ich der dei_ne, was ___ auch die Mut_ter spricht.
p

Santa Lucia.

Te voglio bene assai.
Ich hab' dich einst geliebet.

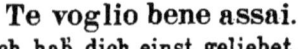

3. Tic e tic e toc, mio bel moretto, tic e tic e toc,
ascolta bene,
cesseranno le mie pene,
quando al sen ti stringerò.

3. Tik e tik e tok, mein braunes Liebchen, tik e tik e tok,
o lass dir sagen,
schweigen werden alle Klagen,
ruhst du wieder mir im Arm.

Himno del cindadano Riego (1820).
Spanische National-Hymne.

2. El mundo vió nunca
mas noble osadia?
Lució nunca un dia
mas grande en valor,
que aquel que inflamados
nos vimos del fuego,
que escitaro en Riego
de Patria el amor?
Chor. Soldados etc.

2. So tapferes Wagen
sah nimmer die Erde.
Nie strahlte die Sonne
beseelteren Muth,
als derer, die glühend
wir sahen vom Feuer,
das Liebe zur Heimath
Riego'n erweckt.

Hail Columbia.

Yankee Doodle.

+) Doodle = Taugenichts, Dandy = Zierbengel.
Edition Peters.

Oh! Susanna.
(Amerikanisches Volkslied.)

Allegretto.

1. I came from A-la-ba-ma wid my Ban-jo on my
   It rain'd all night, the day I left, the wea-ther is was
1. Ich kam von A-la-ba-ma mit dem Ban-jo in dem
   Erst strömt' der Re-gen, als ich ging, doch bald ward's Son-nen-

knee, I'm g'wanto Lou-si-a-na mey true love for to see.
dry, the sun so hot I froze to death; Su-san-na dont jou cry.
Schooss, und ging nach Lou-si-a-na, dass ich mit dem Schätzchen kos'.
licht, und war's auch heiss, mich fror doch sehr, Su-san-na, wei-ne nicht.

CHORUS.
Oh! Su-san-na, oh! dont jou cry for me! I've
Drum, Su-san-na! sei auch dein Schmerz nicht gross, ich

come from A-la-ba-ma, wid my ban-jo on my knee.
komm' von A-la-ba-ma, mit dem Ban-jo in dem Schooss.

2. I soon will be in New Orleans
   and den I'll look all round,
   and when I find Susanna,
   I'll fall upon the ground.
   But if I do not find her,
   dis darkie I surely die,
   and when I'm dead and buried,
   Susanna, dont yon cry!
   CHOR. Oh! Susanna.....

2. Bald bin ich in Neu Orleans,
   da schau' ich mich rings um,
   find' ich Susannen dort, sink ich
   vor Lust zu Boden stumm.
   Doch wenn ich sie dort nicht erblick,
   das Herz gewiss mir bricht,
   und wenn ich todt im Grabe lieg',
   Susanna, weine nicht!
   CHOR. Drum etc.....